大家说孟子

岑澎维 ◎ 著

吴孟芸 ◎ 绘

深圳出版社

图书在版编目（CIP）数据

大家说孟子 / 岑澎维著；吴孟芸绘 . -- 深圳：深圳出版社，2025.3
　　ISBN 978-7-5507-3929-1

Ⅰ.①大… Ⅱ.①岑… ②吴… Ⅲ.①《孟子》-儿童读物 Ⅳ.① B222.5-49

中国国家版本馆 CIP 数据核字（2023）第 211965 号

版权登记号　图字：19-2023-358

中文简体版通过成都天鸢文化传播有限公司代理，经财团法人国语日报社授予深圳出版社有限责任公司独家发行，非经书面同意，不得以任何形式，任意复制转载。

大家说孟子
DAJIA SHUO MENGZI

出 品 人	聂雄前
责任编辑	吴　珊　何　滢
责任校对	聂文兵
责任技编	梁立新
装帧设计	李木子

出版发行	深圳出版社
地　　址	深圳市彩田南路海天综合大厦（518033）
网　　址	www.htph.com.cn
订购电话	0755-83460239（邮购、团购）
印　　刷	深圳市华信图文印务有限公司
开　　本	889mm×1194mm　1/32
印　　张	5.75
字　　数	120 千
版　　次	2025 年 3 月第 1 版
印　　次	2025 年 3 月第 1 次
定　　价	39.80 元

版权所有，侵权必究。凡有印装质量问题，我社负责调换。
法律顾问：苑景会律师 502039234@qq.com

亲近孟子

岑澎维

记得跟孟子最接近的一次,是在一场重要的考试里。

那是一场对未来具有重要意义的考试,所以我努力准备。为了一网打尽,不会有半点遗漏,我打算把"四书"先背下来。懒人背书,方法必须轻松才行,我把"四书"亲自念一遍,用录音机录起来,反复不断地听。

在我的感觉里,"四书"里面《孟子》的话最多、最长、最难,所以我必须花最多的时间,聆听录音机里自己的声音。

听他心情不好时，说出义正词严的道理；听他被人指责，委屈又不甘如此地辩解。休息的时候、等车的时候、搭车的时候，只要有零碎的时间，自己那单调枯燥的声音，就不断在耳边循环。有时候真想按下按钮，换个频道，但是我没有。

我还是乖乖地听着。孟先生，您到底在讲什么呀？听不懂是什么意思的时候，我就去翻一翻书，看看注解跟自己想的有没有一样——虽然往往都相差十万八千里，但这也渐渐地成为一个好玩的游戏。

在一场国综考试中，我在考卷上的填充题里，发现了这道题目：

听其言也，观其（　　　），人焉廋哉！

看完题目，我会心一笑，在答案卡上填下"眸

子"两字。我似乎感觉到,会答这道题目的人不会太多。"谢谢你,孟先生。"我在心里轻轻地说。我似乎也感觉到,孟先生在我头顶上,满意地点了点头。

这是我觉得跟孟子最接近的一次。因为这一题没有失分,国综的分数让我全拿了下来,只有作文被扣掉四分。这是所有参加考试的人里,国文科的最高分。

重读《孟子》已是二十多年后了。过去回荡的声音,现在用更温柔的模样呈现在我眼前,我不必听,但能感觉得到它们的节奏是如此平稳:"离娄之明,公输子之巧,不以规矩,不能成方圆;师旷之聪,不以六律,不能正五音;尧舜之道,不以仁政,不能平治天下……""恻隐之心,仁之端也;羞恶之心,义之端也;辞

让之心，礼之端也；是非之心……"。

孟子讲过的话、孟子和人交谈的话，在那场考试之后，依旧不断在我耳边回响着。我一直不想忘掉这种还会反复出现的声音，在那次考试之后，它们变得如此悦耳。

《孟子》不再是考题之后，它变得更贴近生活，那是为人处世的规矩，是待人接物的方法。如果孔子是一位固执而严肃的父亲，那么孟子就是一位细腻又自省的导师，他们对人的关爱是一样的。

不为考试而读孔孟，他们就会像长辈一样，在闲谈之中告诉我们，他们获得的人生经验。

目录

01 司马迁说：我为孟子留下记录　　　002

02 孟妈妈说：天下的妈妈都是一样的　　010

03 梁惠王说：五十步笑百步　　　　　018

04 齐宣王说：用羊代替牛吧　　　　　026

05 滕文公说：小国的难题　　　　　　034

06 公孙丑说：老师的专长　　　　　　042

07 乐正克说：爱之深 责之切　　　　　050

08 孔距心说：一天做错三次事　　　　058

09 齐宣王说：天下无敌的国君　　　　066

10 陈代说：委屈一尺 伸直八倍　　　　074

11 戴不胜说：只有一个人善良是不够的　082

12 公都子说：老师好辩是不得已的　　　090

13 淳于髡说：区分男女和天下百姓　　098

14 屋庐子说：傻人有傻福　　106

15 公明仪说：到底是谁的错　　114

16 万章说：舜的眼泪　　122

17 桃应说：如果天子的父亲犯法　　130

18 充虞说：表达孝心的方法　　138

19 公孙丑说：意志坚定的老师　　146

20 赵岐说：故事高手闯天下　　154

21 朱熹说：三种快乐一次满足　　162

典故《孟子》　　170

01 / 司马迁说：
我为孟子留下记录

我是写《史记》的司马迁。

孟子！好，我知道，我们要讲的是孟子。

每次我读《孟子》这本书，一翻开书本，读到第一句——

梁惠王看见孟子大老远来探望他，开心地问："老先生，您这么大老远地来到我的国家，一定是要为我的国家带来利益的吧！"

读完这一句，我忍不住丢下书本，长长地叹了一口气。

（什么？有人跟我一样也读不下去？不行，要继续读下去。）

我丢下书叹气是有道理的。国君只知道追求利益，那就是一个国家乱亡的开始啊！不管是平民百姓还是国君大臣，追求利益产生的祸

害都是一样严重的。

孔子很少提到利益，他认为追求利益容易招来怨言。

算起来，孟子是孔子学问的第五代传人。他们之间虽然相隔了一百多年，但是孔子说过的话，孟子还是牢牢地记在心里。

所以，当孟子听到梁惠王这么问他的时候，他立刻想起孔子的话，便直接纠正了梁惠王："大王啊，何必谈利益呢？只要有'仁'和'义'就足够了呀！"

接下来，孟子滔滔不绝地跟梁惠王谈论实施"仁"和"义"的好处。

"有没有更快、更快的方法呀，老先生？"孟子的话让梁惠王打了好大的哈欠。

在动乱的战国时代，梁惠王只希望像吃下

大力丸一样，一夜之间魏国就能成为最强大的国家，称霸天下。

　　孟子和孔子有一个很像的地方，那就是学问充实了，就想要找一个可以辅佐的国君，施展自己的抱负。

　　孟子希望国君能推行仁政，好好地对待百姓。他走过一个又一个国家，但是没有国君愿意彻底采用他的方法。

　　所以，孟子周游列国的情况就跟孔子一样，甚至连最后的结局也一样。

孟子回到家乡，和学生们把《诗经》《尚书》阐述得更详尽，发扬孔子的思想，一起写下《孟子》这一本书。

这是我在《史记》这本书里对孟子的描写。现在，我把它写得更浅显一点、更白话一点，不知道大家是不是比较看得懂了？

很多人说我在《史记》里对孟子只写下了两百零八个字的记录，如果扣掉我自己感叹的七十一个字，再去掉描述时代背景的五十四个字，就只剩下八十三个字了。

用这少少的八十三个字，怎么能说清楚孟

子的一生？

孔子是"至圣",就是最顶级的圣人；孟子被尊称为"亚圣",圣人里的第二名,是极为优异的成就了,为什么对他的描述却只有这么一点点？

事情是这样的,在那个时代,孟子的名声虽然显赫,但是他并没有受到重用,所以留下来的记录不多。他像一坛好酒,越陈越香。后来,大家发现了他的伟大,却也发现,连他的出生年份都没有记录下来。

直到一百多年之后,我

是第一个为他立传的人。年代真的太久远了，我没有办法推算，除了细看《孟子》这本书，也没有其他的办法。

我有没有继续读《孟子》？当然有哇！不过，别急别急，让我再想想看——

这样吧！我们就请几个跟孟子熟识的人，请他们出来讲讲关于孟子的事。这样大家对孟子就更熟悉了。

讲到这里，我也有话要说。我在《史记》里为那么多人留下记录，又有谁能清楚地说出我正确的出生年月日呢？

原典欣赏

当是之时，秦用商君，富国强兵；楚、魏用吴起，战胜弱敌；齐威王、宣王用孙子、田忌之徒，而诸侯东面朝齐。天下方务于合从连衡，以攻伐为贤，而孟轲乃述唐、虞、三代之德，是以所如者不合。

——《史记·孟子荀卿列传》（节录）

在那个时候，各国诸侯都在施行变革，秦国任用商鞅，使国家富足，兵力强大；楚国、魏国都任用过吴起，战胜了一些国家，削弱了强敌；齐威王和宣王举用孙膑和田忌等人，国力强盛，各诸侯都向东来到齐国朝拜。当各诸侯国都致力于合纵连横，把擅长攻伐视为贤能的时候，孟子却讲述唐尧、虞舜以及夏、商、周三代的德政，因此不符合他所周游的那些国家的需要。

*书中小故事依托原典进行演绎，旨在帮助读者们更好地理解故事。

02/ 孟妈妈说：
天下的妈妈都是一样的

我是孟轲的母亲，大家口中的"孟子"正是我们家的轲儿。

许多人都说我是一个伟大的母亲，实在不敢当。我只是一个传统的妇女，用我听过的道理来教导孩子罢了。

轲儿年纪小的时候，我们住在坟场附近，经常看见人们办理丧葬的事。日子一长，这孩子就玩起

模仿的游戏,学着人们埋葬、跪拜和伤心哭泣的样子。

"这不是轲儿该学的。"我心里这么想。

于是,我们立刻搬家,离开那个地方,住到了市场附近。

在市场附近,轲儿很快地又学会了叫卖:

"来呀！刚摘的瓜儿好甜哪！快来买呀！"

他不但一个人自言自语玩起买卖的游戏，还学着大人讨价还价的口气："我买两个吧！算便宜一点！""不行不行，买三个才能算你便宜。"

我看着，心里又叹了一口气："唉！这也不是轲儿该学的，看来又得搬家了。"

这次，我先想好地点再去找房子。轲儿该学习的是端正、合乎礼仪的行为，所以学校附近才是最合适的。

很快，我们就在学校附近找到了房子。

果然，住下来以后，轲儿开始模仿读书人作揖行礼、朗读诗文的样子。我觉得很满意，这才是轲儿该学的呀！

所以，我们就在学校附近定居下来。

有一天，我正在织布，轲儿刚上完课从外

面回来。

于是，我停下手中织布的工作，把他叫到身边来。

"轲儿，你过来。"

"娘，什么事？"轲儿听见我叫他，立刻到我身边来。

"你在学校里功课学得怎么样了呀？"我问。

轲儿低下头，说："还跟以前一样呀。"

"那就是不够努力！"我拿起一把小刀，从刚织好的丝绢中央，横着划过去。

轲儿看得张大了嘴巴。

我告诉他："读书如果不认真，就像一丝一线织出来的丝绢被刀子割断了一样，再也没有办法挽救了。你要成功，就得要不断地努力，不能半途而废。"

经过这件事，轲儿就知道要在学业上专心，再也不必我多费心思了。

我把所有心血都花在这孩子身上，只是希望他能做一个有用的人。

轲儿还在我肚子里的时候，我就很注重胎

教了。椅子的坐垫如果没有放正,我不会坐下;肉一定要切得方方正正的才入口。这一切,都是希望他能做一个端端正正的人。

还记得他小时候,有一次,邻居有人杀猪,轲儿听到了,问:"娘,他们为什么要杀猪?"

我随口回答:"杀猪给轲儿吃啊!"

话才刚说完,我就觉得不妥当。邻居怎么会杀猪给轲儿吃呢?我这不是在骗他吗?我觉得很难过,我怎么能因为轲儿是个孩子,就随口哄骗他?轲儿听了我的话,乖乖地坐了下来,开心地等着吃猪肉。我希望轲儿凡事都能诚实守信,我自己怎么可以开这种玩笑呢?

于是,我跟邻居买了一小块肉,煮给轲儿吃,让他知道,我没有骗他。

不让孩子学欺骗人的事,这是我该尽的责任。

我跟天下所有的母亲一样,都希望自己的孩子成器、成材;我也希望他能尽他该尽的责任,不要辜负了我的期望。

原典欣赏

孟母曰:"子之废学,若吾断斯织也。……"孟子惧,旦夕勤学不息,师事子思,遂成天下之名儒。

——《列女传·母仪传·邹孟轲母》(节录)

孟母教训儿子:"学习就像织布一样,你不专心读书,不常常温故而知新,就像这剪断了的布,再也接不起来了。……"孟子害怕极了,从此以后,他牢牢记住母亲的话,从早到晚刻苦读书,受业于子思的门人,最后成了名满天下的大学问家。

03／梁惠王说：
五十步笑百步

我是战国时期魏国的第三代国君，因为我把都城从安邑迁移到大梁，所以后来的人也叫我梁王。

我的祖父魏文侯和父亲魏武侯为我打下一片江山。我除了希望能好好守住这份家业，更希望能扩大领土，最后称霸天下，成为天下的领袖。

不要跟我谈慢吞吞的治国之

道,打仗,没有错;一仗打完,输赢立刻呈现,我喜欢这样。只要告诉我怎么打胜仗就行了。

所以,当有智慧的孟轲来见我的时候,我难免会多请教他一些问题,看看他有没有办法帮我的忙,让我能够百战百胜,早日称王天下。

"老先生啊,我治理国家,真是用尽了心力呀!"

"喔,是吗?"孟先生似乎不怎么相信。

于是我解释给他听:"河内闹饥荒的时候,

我把一部分的百姓移到河东，又把河东的米粮移一部分到河内，给那些没办法逃出来的百姓吃。如果河东闹饥荒，我也会这么做。"

孟先生听完点点头，但没有说什么。

"您看看我附近的国家，还有谁比我更用心呢？"

孟先生依旧什么也没说，等我继续说下去。

"可是，老先生，我很好奇，为什么邻近国家的百姓没有减少，而我国的百姓也没有增加呢？"

孟先生听到这个问题，就有兴趣了。他立刻回答："大王，这个问题很简单。您喜欢作战，那么我就用作战来打个比喻，您就会懂了。"

一听到打仗，我也有兴趣了，眼睛立刻亮起来。

"作战的时候,战鼓咚咚咚地响起时,双方兵器刀刃互相碰击,就在争战到最激烈的场面,快要分出胜负的时候……"

"妙哇!"我鼓掌叫好,我就是喜欢这滋味。

"就在这个时候,可能打败仗的那一边,有士兵丢掉盔甲、带着兵器逃走……"

"啊!那万万不可。"我摇摇头。

"其中有一个士兵,跑了五十步停下来,嘲笑前面逃跑了一百步的士兵,说他懦弱怯战、贪生怕死。大王,您觉得这有道理吗?"

"不对,不对,一点也不对。两个都一样,他只是还没有跑到一百步而已呀!他们的过错都一样。"我用力地连连挥手,这真是太可笑了。

孟先生微笑着看了我一眼,我似乎掉进他的陷阱里了,自己还不知道。

"大王,您明了这个道理,就该知道自己的百姓没有增加,而附近国家的百姓也没有减少的原因了呀!"

孟先生这么说,我就更迷糊了。

"大王只是在灾荒的时候救济一下难民,平常对待百姓,就和其他国家的君主一样。这样,您还能嘲笑其他的国君吗?"

啊!孟先生这么一说,我真是"五十步笑百步"哇!

"魏国有钱人家的猪狗,吃的食物都比平民百姓还要好,但是道路上还是有快要饿死的人,这是关心百姓吗?"孟先生这么说,我的脸都红了。

"饥荒的时候,不打开粮仓救济,只把百姓移来移去,这是真的关心吗?"

难怪孟先生会说这个故事给我听。我立刻向他请教:"老先生,那我该怎么做呢?"

"把百姓看成是自己的孩子,让百姓丰衣足食,和百姓同甘共苦。这才是国君该努力去做的。"

孟先生看我听得睁大了眼,就举了几个例子给我听。

"最基本的,就是让百姓吃饱。什么时间

该耕种，什么时间可以砍伐树木，这些都要遵守自然规律，才有粮食可吃、有木柴可烧；捕鱼的时候，不用细网，留下小鱼，让它长大，这样就有吃不完的鱼。"

"然后呢？"

"让百姓种树养蚕，五十岁的人就可以穿丝帛做的衣裳；让百姓养殖牲畜，七十岁的人就有肉可以吃。再来，让百姓有学校可以读书，教导他们孝顺的道理，这样就能称王天下了。"

"这样就能拥有整个天下？"我怀疑地问。

孟先生肯定地点点头。

太神奇了！不过这太花时间了，还是让我想想看有没有更快的办法。

原典欣赏

孟子对曰:"王好战,请以战喻。填然鼓之,兵刃既接,弃甲曳兵而走,或百步而后止,或五十步而后止。以五十步笑百步,则何如?"曰:"不可。直不百步耳,是亦走也。"曰:"王如知此,则无望民之多于邻国也。"

——《孟子·梁惠王上·三》(节录)

❀ ❀ ❀

孟子回答:"大王您喜欢作战,我用作战来比喻您就会明白了。当您咚咚敲响战鼓,双方刀锋剑刃交接时,士兵们却丢盔弃甲,带着武器逃跑,有的跑了一百步才停下,有的跑了五十步就停下。跑了五十步的人竟讥笑跑了一百步的人胆小,您觉得怎么样?"梁惠王说:"这是不对的。他只不过还没跑到一百步罢了,同样都是逃跑!"孟子说:"大王既然懂得这个道理,就不必期望您的子民比邻国多了呀!"

04/ 齐宣王说：
用羊代替牛吧

我是战国时代齐国的国君。

我喜欢音乐，特别是流行音乐。孟夫子曾经告诉我，独自一个人欣赏音乐，不如跟许多人一起欣赏，因为后者得到的快乐会更多。

我当然乐意跟百姓一起听音乐呀！

不过，孟夫子又告诉我，国君开音乐会，不管是古典乐还是流行乐，如果民众皱着眉，叹着气说

"国君喜欢音乐,我们生活却苦成这个样子",那么他就不是一个好的国君;如果民众开心地四处宣传,和国君一样快乐,那么这个国君就可以称王天下了。

孟夫子就是这么聪明,他永远知道我心里想的是什么,称王天下的确是我的心愿。

先不说这些,孟夫子来找我,让我先见见他。

孟夫子是我敬重的人,他在我父亲的时代

就来过齐国了,我很希望这位博学多闻的老先生能帮助我在诸侯国之间成为最耀眼的星星。

"大王,我听您的大臣胡龁说,有一天,您坐在堂上,看见有人牵牛从堂下走过,您就问属下那牛要牵到哪里去,这是真的吗?"孟夫子一坐下来就这么问我。

"是啊!他们说那牛要拉去杀了祭钟。"

祭祀神灵的时候,钟和鼓都是重要的礼器。这两种礼器刚做好时,都要在上面涂一层动物的血来填补表面的缝隙,然后才能正式使用。这是古代流传下来的礼俗,我们一直都这么遵守着。

"我听胡龁说,大王因为看到那头牛不断发抖的样子,很不忍心,所以就要人放了那头牛。是这样吗?"

"是啊！那头牛好像知道自己就要被杀了，所以一直发抖，看起来很无辜！"

"放了牛之后，要怎么祭钟呢？"孟夫子问我。

我很得意地回答："我让他们改用羊去祭钟！羊血也能祭钟。我实在是不忍心看那头牛被杀呀！"

这时候，我看到孟夫子脸上表情愉快，我想一定是我的所作所为充满智慧。

孟夫子果然开口赞美我："百姓都以为大王吝啬，我却认为，大王是一片爱心。有这样的爱心，就足以称王天下了！"

我也听到这样的传闻了，我怎么会吝啬一头牛嘛！我真的是不忍心哪！

"但是大王，如果您同情那头牛无辜地被

杀,那么牛和羊又有什么差别呢?"

孟夫子这么一说,我就答不出来了:"我没有想那么多,所以难怪百姓要说我吝啬。"

"我知道,大王是因为只看到牛发抖,而没有看见羊害怕的缘故。一个有仁心的人,看着禽兽活着,就不希望看见它们死去;听到它们哀鸣,便不忍心吃它们的肉。"

孟夫子说得对,我只看到牛那可怜的模样,

却忘了羊也会害怕。

"所以读书人不应该靠近厨房,就是这个缘故。他们如果习惯看到鸡鸭猪牛被宰杀的情形,以后出来做官,就会对'杀生'这种事麻木;对杀生麻木,自然就不会珍惜百姓的生命。"

"夫子说得很有道理,但这跟称王天下又有什么关系呢?"我问孟夫子。

"大王对一头牛都怀有这种同情怜悯的心，如果把它推展到百姓身上，相信一定能让百姓安居乐业，过着幸福快乐的日子。"

哎呀！孟夫子绕了这么一大圈，原来说的是这个意思，看来这比劳师动众去打一仗简单多了。

等我称王天下，一定得好好地办一场流行音乐大会，跟百姓同乐。

原典欣赏

曰:"王若隐其无罪而就死地,则牛羊何择焉?"王笑曰:"是诚何心哉?我非爱其财而易之以羊也。宜乎百姓之谓我爱也。"曰:"无伤也。是乃仁术也,见牛未见羊也。君子之于禽兽也,见其生,不忍见其死;闻其声,不忍食其肉。是以君子远庖厨也。"

——《孟子·梁惠王上·七》(节录)

❧ ❧ ❧

孟子说:"大王如果同情牛没犯罪就无辜被杀,那么用牛和用羊又有什么差别呢?"宣王笑着说:"这是一种什么心理呀?我不是舍不得花钱才拿羊换牛哇!但从表面上看,难怪百姓会说我吝啬了!"孟子说:"没关系。这正是您有仁心,不过您只看见牛,却没看见羊。君子对于禽兽,看见它们活着,就不忍心眼睁睁看它们死去;听到它们的哀鸣,就不忍心吃它们的肉。所以君子总是远离屠宰牲畜的厨房。"

05／滕文公说：
小国的难题

我是滕国的国君。滕国是一个非常小的国家，算起来大概长、宽各五十里，我就管理这么一块小小的国土。

年轻的时候，我也曾经有过轻狂的岁月，不喜欢追求学问，只喜欢骑马、比剑这一类的娱乐。但是我当国君之后就不一样了。我认真地思考，心里想的都是怎么让人民过上好的生活。

在我还没有当国君的时候,有一次以世子的身份出使楚国。经过宋国的时候,我见到了孟先生。

那时候,孟先生不断地告诉我,人的本性是良善的,而且每一句话、每一个道理,他都要提到尧、舜。

"滕国虽然是一个小国,但只要在道德修养上,跟古时候伟大的圣贤学习,就可以国泰民安了。"孟先生总是这么说。

所以，虽然我的国家小，但我很认真地治理，从来不会去想什么称王天下的事。我只想要把这个小小的国家弄得温馨舒适就行了。

当国君，也有头痛的事。就像我的小国家，夹在齐国和楚国两个大国之间，我到底该对哪一个国家好一点呢？

对齐国好，怕得罪了楚国；对楚国好，又怕得罪了齐国。即使我尽力讨好他们，最后会不会还是被他们并吞了？难哪！这真是一个难题。

很多人以为当国君很快乐，其实，让人头痛的问题一大堆！我还是去请教一下孟先生吧！

"这是国家重要的事，我没有办法回答。"孟先生客气地这么说。

看来，这还真是一个大难题。

"真的没有办法吗？"我着急地问。

孟先生想了又想，说："如果真的要我说，也许只有一个办法了。"

我的眼睛立刻亮了起来，看来孟先生还是有办法的。

"先生请说。"

"就是把保护国家安全的护城河再挖深一点，把城墙弄得更坚固一点。"

"这样就行了吗？"

"还不行。还要跟百姓一条心，一起保卫国家。如果能做到这些，我相信，如果真的有人要并吞滕国，滕国的人民哪怕牺牲了生命，也不愿意离开滕国。"

孟先生是一位说故事的高手，为了让我听得更明白，还给我讲了一个故事——

"从前，太王住在邠这个地方，狄人来侵

犯的时候,他献上珍贵的毛皮大衣、丝帛绸缎,可是狄人还是来侵略。于是,太王又献上名犬、良马,狄人照样不放过他们。最后,太王拿出珍珠、翠玉,狄人依旧来扰乱。"

这不就和我担心的事一样吗?孟先生知道我心里在想什么,点点头,继续说。

"于是,太王召集父老,告诉他们:'狄人想要的是我们的土地。我为了保护这片土地,害大家生活没有保障,时时刻刻受到威胁,所以我决定离开这里,各位不必担

心没有君主。'"

太王的确是一位令人敬佩的君主。

"邠地的父老都认为,他们不能失去这位有仁德的君主。于是父老们也离开邠地,追随太王到岐山之下,定居下来。"

孟先生的眼神晶亮,看着我说:"追随太王的百姓,多得像赶市集的人潮,一拨接着一拨。"

"好一个太王啊！能屈能伸。"我忍不住这么赞美。

"你说得一点都没错！当然啦！也有人认为土地代表国家，一定要世世代代用生命守护它。这就看您怎么想。"

我相信孟先生说的，这就是他一再告诉我的，实行"仁政"，就能像太王一样，得到人民的支持。

我一切都听孟先生的！让我先给百姓一个富足的家园吧！我会努力让滕国成为小而美、小而安康的国家。

原典欣赏

孟子对曰:"昔者大王居邠,狄人侵之。去之岐山之下居焉,非择而取之,不得已也。苟为善,后世子孙必有王者矣。君子创业垂统,为可继也。若夫成功,则天也。君如彼何哉?强为善而已矣。"

——《孟子·梁惠王下·十四》(节录)

孟子回答滕文公:"从前周太王居于邠地,狄人侵略,太王就离开邠,迁到岐山下居住。太王并非选中这块地才去住,实在是迫不得已呀!一个君主如果以民为善,后世的子孙必有能称王于天下的。有道德的君子,创造了基业,为的是让后世可以继承下去。至于是否成功,则是天命了。现在国君能对齐国怎么样呢?只有努力施行善政罢了。"

06 / 公孙丑说：
老师的专长

我是公孙丑，我的老师孟子是邹国人。邹国是一个很小的国家，就在鲁国附近，靠近孔子的故乡。

老师年轻的时候，在学问上已经很有成就了，二十多岁就已经创办书院，招收学生传授课业。后来老师带着学生到齐国"稷下"这个地方，在国家办理的学堂"稷下学宫"中讲学。

　　老师在齐国停留了很长时间,后来还去了宋国、滕国、魏国,然后又回到齐国。我是齐国人,就在这个时候成为老师的学生。

　　我经常跟在老师身边学习,后来,老师回到邹国,我也离开齐国跟随老师到他的故乡去。

　　我提出来的问题,老师总是认真地回答我;他写书的时候,还把我问过的问题写了进去,这真是一件令人开心的事!

老师的书里，有一篇就是用我的名字"公孙丑"当作篇名呢！

老师也很以学生为荣。师兄乐正克接受鲁国的邀请，去治理鲁国国政的时候，老师高兴得睡不着觉。

老师说，乐正师兄是一个能接受建议的人。能接受别人好的建议，就会有许多人乐意来提供意见；集合众多好意见，就能把国家治理好。老师对乐正师兄很有信心。

从聊天之中，我得到不少学问，所以我喜欢待在老师身边。有一次，我想知道老师有什么专长，就去请教老师。

"老师，您有什么专长呢？"

"喔，"老师完全不需要考虑，答案早就准备好了，"我的专长吗？我能从一个人的谈话中了解他；我还善于培养我的'浩然之气'。"

老师的第一个专长不难理解。"察言观色"是要靠经验积累的，老师和许多人谈过话，从贩夫走卒到国君大臣，无论什么样的人、什么样的话题，老师都能和人讨论起来。

但是"浩然之气"是什么？我不明了，只好继续请教老师。

老师想了想，叹了一口气说："唉，这很难说清楚啊！"

越难说清楚的事，我越想要了解。

"这种气呀，要真心诚意去培养它；还要用正义的方法、正确的道路加以引导，它才会跟随我们。"

"老师，我不明白，您能不能说得更清楚些？"我知道自己愚钝，所以要老师多指导我一点。

"那是一种发自内心的正义感。每个人天生就有的善良本质,就是'浩然之气'。"

老师这么说,我似乎懂了一些,我试着用自己的话来说说看。

"老师,您的意思是——别人说我们的行为好,那不一定是真的,可能是表面上的;自己做的事能合乎正义,让自己满意,才能从内心产生一股正义感,那就是'浩然之气',对不对?"

老师点点头,算是对我的肯定。

可是我还是有疑问,"浩然之气"要怎么培养?

老师讲了一个故事给我听。

"宋国有个人,觉得自己种的秧苗长得太慢了,他不去除草,却动手把秧苗一棵棵拉高。

当他把一整片水田的秧苗都拉高之后，回到家跟儿子说：'我今天太累了，我把所有秧苗都拉高了。'儿子立刻跑到田里去看，所有的秧苗都枯萎了。"

"真是揠苗助长啊！"

"培养'浩然之气'就要像农夫种田一样,要好好地照顾它,为它除草、灌溉,它才会生根发芽,茁壮成长。一切急不得,但是也不能放任不管。"

原来,"浩然之气"是每个人天生拥有的善良本质,不能放着不管,让"野草"湮没;但也不能急着要它长大,那会像"揠苗助长"一样,最后都枯萎了。

我也要好好培养我的"浩然之气",让自己成为一个充满正义感的人。

原典欣赏

曰:"其为气也,至大至刚,以直养而无害,则塞于天地之间。其为气也,配义与道;无是,馁也。是集义所生者,非义袭而取之也。"

——《孟子·公孙丑上·二》(节录)

孟子说:"'浩然之气'最广大,最刚强,必须以正直的力量来培养,使它不受伤害,它才会充溢于天地之间。这种气,要配合落实正义与正道,否则就会萎缩。而且,这种气还要长期的培养才能生成,不是靠偶尔的正义行为就能获取的。"

07 / 乐正克说：
爱之深 责之切

我是乐正克，我姓乐正，名克。

我是孟子早年的学生，其实我的表现并不突出，也没有什么才华，更没有值得夸耀的才能。但是，老师还是非常重视我，他听说我要去做官，竟然高兴得睡不着觉，这让我深受感动。

有一次，老师担任齐宣王的客卿，在稷下学宫讲学。"客卿"就是从别的国家来做官的人。

齐国给了老师一个官位,这个官位虽然没有实际上的权力,但是可以直接见到国君,对国君建言。老师很喜欢这份工作,因为他有许多治理国家的想法可以提供给国君做参考。

老师在齐国时,我也正好跟着齐国的大臣王欢来到齐国。

我把住的地方安顿好,也结束了该有的应酬,第二天就到稷下去见老师。

"你还知道来

看我啊？"

听得出来，老师有点不高兴。

"老师，您怎么了？"我问老师。

"你到齐国多久了？"老师有点生气的样子。

"昨天刚到，我今天就来看老师。"

"为什么昨天到齐国，今天才来看老师？"

"因为住的地方还没安排好，一安排好，我就来看老师了。"我跟老师解释。我想，这样老师应该就不会生气了。

"你听过要等到住的地方安排好，才去见长辈的道理吗？"

没有想到老师更加生气。我被吓得一句话也说不出来。

老师教训得有道理，我的确没有做到"尊师重道"，不应该先安顿好自己再来见老师，我急忙跟老师道歉："老师,学生知道错了,请求老师原谅。"

我们大部分的人一辈子只拜一个人为师,所以师生之间的情感就跟父子一样,是非常亲密的。

所以老师也像父亲一样,该教导我们的时候,就不客气地说出来,连脾气都一样。

我诚恳地跟老师道歉,但是老师还是很不高兴。

"老师,学生记住了,下次一定会先来看老师。"

"你到齐国是跟谁来的?"老师的语气还是有些不高兴。

"王欢。"我低着头说。

"你跟着这种人来到齐国,就只为了吃吃

喝喝？我没有想到你学了古人的道理，却也只是为了吃吃喝喝！"

我怎么一直让老师不开心哪！那个让老师开心得睡不着觉的乐正克到哪里去了？

王欢是齐王的宠臣，在齐王面前总是甜言蜜语、奉承齐王，背地里却霸道专权、擅自做主，完全不听别人的意见，所以老师对他的印象很不好。

滕文公去世的时候，因为老师跟滕文公是好友，所以齐王就派老师当特使去致意，又派了王欢当副使一起去。到了滕国之后，身为副使的王欢什么事都不跟老师商量，就自作主张处理一切事务，让老师心里很不高兴。

在返回齐国的路上，老师没有跟王欢说过一句话。

师弟公孙丑一路上也觉得闷。他知道老师的脾气,如果他不问,老师是不会主动说出心里话的。

"老师,您一路上都没有跟王欢说话,这是为什么?"公孙师弟靠近老师小声地问。

"该办的事情他都自己处理好了,我对他还有什么话好说?"

听得出老师很不喜欢王欢,所以公孙师弟

也刻意地跟他保持距离。现在我却跟这样的人在一起，难怪老师这么生气。

老师是爱之深，责之切。老师对我的要求越严格，就代表他对我的期望越高。

我不会埋怨，我会听老师的话，做一个品行、操守都上乘的人，这样才能成为好的标杆。

原典欣赏

乐正子从于子敖之齐。乐正子见孟子。孟子曰："子亦来见我乎？"曰："先生何为出此言也？"曰："子来几日矣？"曰："昔者。"曰："昔者，则我出此言也，不亦宜乎？"曰："舍馆未定。"曰："子闻之也，舍馆定，然后求见长者乎？"曰："克有罪。"

——《孟子·离娄上·二十四》（本章取材）

08/ 孔距心说：
一天做错三次事

我是"平陆"这个县邑的县长。平陆是齐国一个偏远的小县。

有一天，孟先生来到我管理的这个地方，四处观察、到处访谈，不知道他的目的是什么。

我听说他在别的县邑也做过这样的考察，也许是国君要他这么做的吧！

有一天，他来找我，开口就问："你的卫兵之中，如果

有人一天三次擅自离开自己的岗位,你会不会开除他?"

我毫不考虑地回答孟先生:"根本不必等到三次,我就开除他了。"

"这种失职的事,不必等到一天三次才开除吗?"孟先生这么问我。

"没错。"我坚定地回答。

"可是我发现你失职的地方,比一天失职

三次还要严重。"

我听了很不高兴！我这么认真地为百姓做事，还有哪里做得不好？孟先生凭几天的观察就这样下定论，也太主观了！

"请孟先生指教，我是不是有什么地方做得不好？"

"灾荒、收成不好的年岁，你的百姓之中，年纪大、走不动的，就饿死在田间的沟渠里，冻死在山谷里；年轻力壮的离开这里逃到各个地方去的，有几千人吧？这不是你的失职吗？"

原来孟先生说的是这些事。但这是天灾，我没有办法阻止。国君不打开粮仓救济，百姓只能活活饿死。我又有什么办法？

我告诉孟先生："孟先生，灾难降临，百姓没有粮食，我也没有办法提供。地方上有粮仓，但要国君下令才能打开，这不是我这小小的县官做得了主的呀！"我没办法阻挡天灾，也无力留住要逃走的百姓，更没有多余的粮食可以挽救那些饥饿的老弱残兵。孟先生指出的失职，怎能算是我个人的失职呢？

可是，孟先生不这么认为。

"真的是这样吗?如果今天有一个人请你为他放牧牛羊,你是不是就要为牛羊找到合适的地方,让它们有足够的牧草可以吃?"孟先生这么问我。

"那当然。"我肯定地回答。

"如果找不到适合放牧的地方,你是应该把牛羊还给原来的主人,还是让它们等着活活饿死?"

孟先生这么一说，我就明白了。为人放牧牛羊，怎么能让牛羊活活饿死呢？一定要想办法让牛羊生存下来呀！牛羊都不能饿死了，更何况是人。

我立刻向孟先生认错："是！这真是我的过错呀！"身为一个县邑的长官，我做错了这么多事，自己竟然不知道，还极力辩解，我真该好好地反省反省！

一个士兵如果一天擅自离开岗位，甚至不用到第三次，他就会被我开除，我却没有发现自己犯的错更严重。没有尽力保护百姓的生命，怎么能算是尽忠职守呢？

听说后来孟先生又去见国君，他告诉国君："大王啊，您的地方长官我认识了五个。我跟他们说了同样的事，有四个都觉得不是他们的错；认为自己有错的，只有孔距心一个。"

国君听完孟先生的话，知道孟先生也在指正他，很感慨地说："这真是我的罪过呀！"

孟先生的一句话，让我们齐国的国君和官员都知道错了。如果国君能多重用孟先生，国家一定能富强康乐。

我们身为百姓的父母官，就应该好好地照顾百姓，不能找任何借口，否则就像孟先生说的，辞掉这份工作，把牛羊还给主人，让有能力的人来看管！

原典欣赏

　　孟子之平陆,谓其大夫曰:"子之持戟之士,一日而三失伍,则去之否乎?"曰:"不待三。""然则子之失伍也亦多矣,凶年饥岁,子之民老羸转于沟壑,壮者散而之四方者几千人矣。"曰:"此非距心之所得为也。"曰:"今有受人之牛羊而为之牧之者,则必为之求牧与刍矣。求牧与刍而不得,则反诸其人乎?抑亦立而视其死与?"曰:"此则距心之罪也。"他日,见于王,曰:"王之为都者,臣知五人焉。知其罪者,惟孔距心。"为王诵之。王曰:"此则寡人之罪也。"

　　　　——《孟子·公孙丑下·四》(本章取材)

09 / 齐宣王说：
天下无敌的国君

最近我感到闷闷不乐，因为从记载历史的册子上，我发现了一件事。

史册上说，周文王有一片种着树木、养着虫鱼鸟兽的园林，大小为七十里见方。

这是一片不小的园林哪！周文王在园林里骑马、打猎、射箭，百姓竟然觉得这片园林太小了。

我也有一片园林,我也在里面种珍贵的植物、养稀有的动物;园林的大小也不过四十里见方,比起周文王宽大的园林,实在小得不像话。

可是,我却听到百姓抱怨这片园林太大,真是让我心里不痛快。

我是齐国国君，齐国的土地和人民都是我的，我只不过是造了一个四十里见方的小园林，怎么会太大呢？

孟夫子又来找我，我要把这件事告诉孟夫子，让他给我评评理。

"喔，大王说的是这件事啊？"

听起来，孟夫子

也知道周文王的园林有多么大了。

"文王的园林的确很大，而且有肥沃的土地、丰盛的牧草和成群的动物。百姓需要牧草，就到园子里去割草当饲料；需要木柴，就到园子里砍柴回去烧；园子里的野鸡、野兔，百姓随时可以在里面猎捕。文王的园林没有围墙，任何人都可以进出园林，百姓当然觉得这个园林太小了。"

我立刻告诉孟夫子："我的园林也没有围墙啊！"

"大王啊，我刚到您的国家边界，就先打听有什么规矩要遵守，然后才敢进入齐国，免得触犯了法令都不知道。"

"夫子这么做是对的，入境问俗是明智之举。"我这么赞美孟夫子，不过他并不在乎。

"我打听的结果是——大王在国都的郊外有一片园林。"

"没错!我说的就是这片园林。"我得意地说。

"在这个四十里见方的园林里,如果有人射杀麋鹿,判的罪就跟杀了人一样重。"

"没错!国家的法令,百姓就要遵守,这是早就定好的。国君的园林,百姓怎么可以随便进去？里面珍贵的东西太多了，百姓想要什么就进去拿，很快就会什么都没有了。"这次我也有话要说。

孟夫子微笑着说："大王，这就等于在齐国的土地上，有一个四十里见方的陷阱，百姓一不小心踏进这个陷阱，就会惹来杀身之罪。大王啊，您说说看，百姓觉得这座园子太大——不是合情、合理的吗？"

啊！原来是这样。孟夫子这么一说，我就觉得脸红心跳了，难怪百姓老是抱怨我的园林太大。

"文王'与民同乐'，他的园林谁都可以进去。所以百姓觉得七十里见方的园林太小；如果再大一点，他们就有更多的猎物可捕、更多的柴可砍了。"

"嗯！文王真是了不起呀！"我不由得佩服了起来。

"打猎这种娱乐，大王如果能跟百姓一起享受，那么，治理天下就没有什么困难了。"

孟夫子就是知道我要的——拥有天下，治理天下，那是我连做梦都在想的事啊！

"大王，这就是仁政，'仁者无敌'呀！"

没有错，我就是要做一个天下无敌的国君，但是"仁者"要怎么做到呢？

什么？把那条法令删掉？

等等，我要考虑考虑。不过，如果我把园林扩大到跟文王的一样大，也许我也……

原典欣赏

齐宣王问曰:"文王之囿方七十里,有诸?"孟子对曰:"于传有之。"曰:"若是其大乎?"曰:"民犹以为小也。"曰:"寡人之囿方四十里,民犹以为大,何也?"曰:"文王之囿方七十里,刍荛者往焉,雉兔者往焉,与民同之。民以为小,不亦宜乎?臣始至于境,问国之大禁,然后敢入。臣闻郊关之内有囿方四十里,杀其麋鹿者如杀人之罪,则是方四十里为阱于国中,民以为大,不亦宜乎?"

——《孟子·梁惠王下·二》(本章取材)

10 / 陈代说：
委屈一尺 伸直八倍

我是陈代，孟老师的学生。我不像公孙师兄那么有名气，也不像乐正师兄那么受到老师肯定，更不像万章师兄那样有成就。不过，我是很认真的，我喜欢做官，更喜欢研究"做官"的学问。

根据我的研究，在"做官"这件事上，老师是一个非常讲究"气节"的人，他从来不会为了求取一个官位而低下头来；

他宁可不做官,也不能受到羞辱和委屈。

所以当他看到有人为了谋求官位,费尽心思、逢迎别人时,总觉得这种行为是可耻的。

但是,根据我的看法,如果我们不在适当的时候去拜见国君,国君怎么会知道我们的想法呢?天底下贤能的人这么多,国君不会一一造访。机会是自己找的,不能等着人家来邀请啊!

有一次，我实在忍不住了，就问老师："老师，如果您愿意委屈一下自己，去拜见国君，也许就有机会实现自己的理想，让那些国君实施仁政。我曾经在书上读到：'如果委屈自己，退缩一尺，也许有一天，就能得到伸展八尺的机会。'老师，您为什么不委屈一下自己呢？也许这样就有机会受到重用。"

老师摇摇头，立刻说了一个故事给我听。

"从前，齐景公打猎的时候，有事要召见猎场管理员，他没多想就举起手上的旗子召唤猎场管理员过去。猎场管理员认为这是不合乎礼仪的事，所以没有过去。"

这的确不合乎礼仪，召唤大夫可以用旗子，召唤猎场管理员，只需要把戴在头上的皮帽拿下来挥一下，猎场管理员就会过来了。用旗子召唤猎场管理员,猎场管理员当然承受不起,不敢过去。

老师接着又说:"猎场管理员虽然看到了国君召唤他,但是因为召唤方式不对,所以没有回应。齐景公非常生气,打算杀了这个猎场管理员。孔子知道这件事之后,很是称赞这个猎场管理员,说他虽然只是一个小官,却不贪生怕死,不接受不合乎礼仪的方式。"

孔子是老师最尊敬的人,孔子说过的话,老师一定记在心里,并且绝对遵守。所以我也把老师教我的这些记在心里,我相信这就是做官的学问。

老师有很多故事可以说,他又说了另一个故事给我听。

从前,有个很会驾车的人,名叫王良。晋

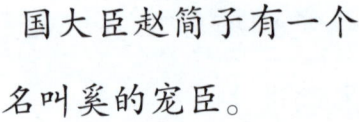

国大臣赵简子有一个名叫奚的宠臣。

有一天奚要去打猎，赵简子派王良为奚驾车。奚打猎回来，非常生气地告诉赵简子："王良是天底下最糟糕的车夫，让他驾车，我一整天连一只鸟都打不到！"

王良听说这件事，告诉赵简子："让我再为他驾一次车！"

奚勉强答应了。这次他跟王良一起出门打猎，一个早上就打到了十只鸟。奚非常开心，回来告诉赵简子："王良果然是世界上最出色的车夫。"

赵简子也很开心，对奚说："那就让他专门为你驾车吧！"

赵简子把这件事告诉王良，王良却不肯接受这份工作。

他说："我按规矩驾车，他一只鸟都打不到；

我不按规矩驾车，他一个早上就能打到十只鸟。这是他的射箭技术和品德的问题。我不能不按规矩驾车，希望您同意我不接受这份工作。"

老师说完这个故事，语重心长地告诉我："一个驾车的人都不愿意与品德不好的人合作，你怎么能劝我委屈自己，去跟那些骄横的人合作呢？"

老师又跟我说："委屈自己是没办法让骄横的人变正直的呀！"

读书人必须坚持自己的气节，不能为了富贵名利而委屈自己。

看来，做官的学问真不容易学呀！

原典欣赏

陈代曰:"不见诸侯,宜若小然;今一见之,大则以王,小则以霸。且《志》曰:'枉尺而直寻。'宜若可为也。"孟子曰:"……如枉道而从彼,何也?且子过矣!枉己者,未有能直人者也。"

——《孟子·滕文公下·一》(节录)

陈代说:"老师,您一直不肯去拜访诸侯,似乎太拘小节了吧。现在见一次,大可以帮助他们完成天下大业,小也可以帮他们称霸诸侯。并且《志》上有说:'弯屈一尺,就可以伸直八尺。'很值得一试呀!"孟子说:"……如果背离自己的原则去依附诸侯,那算什么?而且你错了!背弃自己原则的人,绝对没有能力纠正别人哪!"

11 / 戴不胜说：
只有一个人善良是不够的

我是宋国的大臣，宋是一个小国。在战争不断的时代中，小国想用武力取胜并不容易，所以我们刚上任不久的国君想要推行仁政，看看能不能用这个方法，吸引那些厌倦战争的人到我们宋国来。

孟先生在齐国听到这个消息，非常高兴，他决定来宋国协助我们国君推行仁政。

我们这个时代，大部分的国君怎

么会想推行仁政呢？打仗才是最快速的方法，国君喜欢，大臣也喜欢，只有人民不喜欢。

国君喜欢从抢夺、争战中，赢得别人的土地和人民；土地越大、人民越多，就表示自己的国力越强，地位越崇高。因此，以推行仁政来吸引人民，这种方法几乎没有国君愿意尝试。

既然国君有这样的想法，做臣子的当然要帮助他。于是，我想起一位善良贤明的人，就是薛居州。国君有这样的人在身边，一定能成为一位贤君的。

孟先生知道了我的想法。有一天他遇见我，问了我一个问题："如果现在有一位楚国大夫想让他的孩子学习齐国的语言，你觉得请齐国人教他好呢，还是请楚国人教他好呢？"

我不知道孟先生为什么要这么问我，我只能

根据我的经验来回答:"请齐国人教他比较好。"

孟先生说:"好,就请齐国人来教他。如果一个齐国人教这孩子讲齐国话,旁边有一群楚国人在那儿叽叽喳喳,用楚国话不断干扰他们,你觉得这个孩子学得成吗?"

"当然学不成。"我回答孟先生。

"没错。其实我们只要把这个孩子带到齐国去住上几年,几年之后,再要这孩子讲楚国话,他也讲不出来了。"

孟先生说得没错,楚国的孩子在齐国长大,他讲的当然是齐国话,因为他没有机会听到楚国话,所以不可能会讲。

孟先生接着又问我:"你希望你的国君成为一位善良的国君,是吗?"

"是的。"

"所以,你打算推荐薛居州到国君身边,希望国君受他影响,成为一位善良的国君,是这样吗?"

"没错,因为薛居州是个善良正直的人,我相信这样的人在国君身边,对国君会有帮助的。"

孟先生摇摇头,说:"我告诉你,国君身边的其他人都不像薛居州那么好、那么善良,他们都希望用战争来扩大自己的领土。国君的身边只有一个善良的薛居州,能对他产生什么影响呢?"

　　我这才恍然大悟，原来这就是孟先生刚才想讲的"一个人教，一群人吵"的道理。在这种环境下，什么也学不成。

　　同样的道理，国君身边只有一个善良的人，那是不够的，要国君身边的每个人都善良，才能真正影响国君哪！孟先生真是个会讲道理的人，让人心服口服。

　　"若国君身边的每个人都像薛居州一样善良，那么国君自然就善良了，自然就会推行仁政。"我说。

孟先生满意地点点头。

孟先生经常说:"只要有国君愿意推行仁政,四海之内的人就都会抬起头,不断地伸长脖子看,期盼能到那个国家去,成为那个国家的人民。"

可惜的是,我们的国君仍然跟其他国君一样,主张用武力征战;再加上当了国君以后,过着奢华的生活,让人民的负担更加沉重。他说要施行仁政,原来只是说说罢了。

最后,孟先生还是离开了我们的国家,因为他看出国君并不是真的想要施行仁政,所以只好失望地离开。

我相信孟先生的想法是对的,希望他能找到一个善良的国君,实现他的理想。

原典欣赏

　　孟子谓戴不胜曰:"子欲子之王之善与?我明告子。有楚大夫于此,欲其子之齐语也,则使齐人傅诸,使楚人傅诸?"曰:"使齐人傅之。"曰:"一齐人傅之,众楚人咻之,虽日挞而求其齐也,不可得矣;引而置之庄岳之间数年,虽日挞而求其楚,亦不可得矣。子谓薛居州善士也,使之居于王所。在于王所者,长幼卑尊皆薛居州也,王谁与为不善?在王所者,长幼卑尊皆非薛居州也,王谁与为善?一薛居州,独如宋王何?"

——《孟子·滕文公下·六》(本章取材)

12 / 公都子说：
老师好辩是不得已的

"孟先生真是个喜欢辩论的人哪！"

我在外头常常听到有人这么说，说老师什么事都要争辩到别人说不出话来，才肯停止。

身为老师的学生，我当然知道这是外人对老师的误解。

老师一直希望国君能施行仁政，但是国君都希望用武力夺得天下。老师费尽唇舌说明之后，那些国君不采用也就算了，每次老师一离开，他们总在背后说老师"喜欢争辩"。

　　不确定老师知不知道这件事,所以我去请教老师。

　　"老师,外面的人常常说您喜欢争辩,这是什么原因呢?"

　　老师听了,很不高兴。他说:"我哪里喜欢争辩?我是不得已的呀!"为了解释自己的不得已,老师好好地给我上了一次历史课,听得我目瞪口呆,一句话也说不出来。

老师是这样说的——

你看,尧的时代,天下洪水泛滥,大地成为龙和蛇居住的地方。低洼地区的人只好在树上搭建遮风避雨的窝,在高地的人就住进洞穴里。

尧于是派禹治理洪水,禹疏通河道,让河水流进大海,又把龙和蛇赶到沼泽中,这样百姓才能在平地安居。

尧、舜去世后,不再由圣人一直治理天

下。暴君不断出现，商纣昏庸无能，周公就辅佐周武王，除去商纣；接着又除去了其他暴君；再把老虎、野豹、犀牛、大象等猛兽驱逐到遥远的地方，让百姓安心地生活。

后来，社会又开始动乱，有大臣杀了国君的，也有儿子杀了父亲的。孔子非常忧心，就修订了《春秋》一书。在这本书里，孔子对历史人物作出评论，表扬好事，对坏事也毫不留情地批评，让那些做坏事的臣子心里感到害怕。

大禹治理洪水，让天下人过上太平的日子；周公辅佐君主，除掉昏君、赶走猛兽，让百姓过上安定的生活；孔子修订《春秋》，警惕那些作乱的臣子和不孝的人。自从有人类以来，天下都是这样，安定久了就动乱，动乱久了又有圣人出来让它恢复安定……

老师说得非常激动，我也听得很入神。

老师的结论是："在这个混乱的时代，我也想要端正人心，消灭不当的言论，揭发阴险的行为，批判无耻的谎言，继承这三位圣人的事业呀！"

老师再一次严肃地看着我："你也觉得我喜欢争辩吗？我真的是不得已的呀！"

大禹、周公、孔子这三位圣人是老师的偶像，老师觉得自己有责任继承他们的事业，在乱世之中，成为扭转乾坤的人。在老师的心里，一直有一个理想，那就是希望国君都能推行"仁政"，照顾人民像照顾自己的家人一样。

那些想要称霸天下的国君,如果有人能够相信老师,用老师的方法治理国家,最后一定能成为天下的共主。这种人才能创造太平盛世,让人民安居乐业。

所以老师四处宣传他的想法,不断讲解说明,就是希望有人能真正理解。

　　可惜的是,一直没有人愿意施行仁政,大家都想用武力夺得天下。最后,老师还被误会成"一个喜欢争辩的人"。

　　现在我知道了,老师真的是不得已的。

原典欣赏

孟子曰:"我岂好辩哉?予不得已也。……孔子成《春秋》而乱臣贼子惧。……我亦欲正人心,息邪说,距诐行,放淫辞,以承三圣者。岂好辩哉?予不得已也!"

——《孟子·滕文公下·九》(节录)

孟子感叹地说:"我怎么会喜欢争辩呢?我是不得已的呀!……孔子修订了《春秋》这本书,让叛君的乱臣和背父的贼子懂得戒惧。……我也希望尽自己的力量,端正人心,消灭邪僻的学说、偏颇的行为和放荡的言论,以承继大禹、周公、孔子三位圣人的大业。我哪里是喜欢辩论呢?我实在是不得已啊!"

13 / 淳于髡说：
区分男女和天下百姓

我是淳于髡，虽然身材矮小，但是我在国君、高官之中穿梭，却游刃有余，因为我靠的是脑力，不是身高。

所以，我是小而精致，小而玲珑，不会给人太大的压力。

我在齐国辅佐国君。国君刚上任的时候，还不懂得要怎么管理国家，只知道整天喝酒、看表演，国家的事都交给大臣去处理。

邻近的国家得知后,都觉得大好机会来了,打算来攻打齐国。大臣们觉得心惊胆战,但没人敢去劝谏,怕触怒了国君,自己的小命会保不住。

我想了又想,还是忍不住提起勇气去见国君。我想先说说其他的事,再看看有没有机会点醒国君。

我一见到国君，就告诉他："大王啊，齐国有一只大鸟飞到您的院子里，已经三年了。这只大鸟不飞也不叫，大王，您知道这是什么鸟吗？"

国君一听我这么说，就明白我指的是什么了。

他说："这只大鸟三年不飞，但是等到它想要飞的时候，一飞就能飞上最高的云层，没有人能比得上。虽然三年不叫，但是等到它想要叫的时候，一鸣惊人，谁听了都会被吓一跳！"

国君说完，就要我离开。我看得出来，国君已经听懂我想告诉他的话了。

这就是我最喜欢用的"隐语"，把真正想说的话隐藏在故事里，也就是"话中有话"。这样听的人不会觉得很尴尬，说的人也不会难堪。

果然，从那个时候开始，国君立刻亲自带领军队作战，把那些侵占齐国领土的人，赶出了齐国。

一个小故事，让国君下定决心"一鸣惊人"，这样的国君值得我为他效力。

我听说孟先生是个优秀的人，也有好口才，所以我也想跟他聊一聊，希望他能为齐国贡献心力，帮助我的国君称霸天下。

那就让我出一个题目来试试看吧。"孟先生啊，我想请教您，'男女授受不亲'，男女之间不能亲手传送东西，这是规矩，对不对？"

"没错。"孟先生这么回答。

我又问："那么，如果嫂嫂落水，她的小叔子看到了，能伸手去救她吗？"

在我们这个时代，男女之间的关系，规定

得非常严格,嫂嫂和小叔子不要说是双手接触,连平常的问候都要避免,免得被人误会,产生闲言闲语。所以,我出这个难题来考考孟先生。

孟先生立刻回答:"嫂嫂溺水,不能见死不救哇!当然要伸手去救。"

"这样不是会接触到双手,不就不合乎礼制的规定了?"

"男女双手不互相接触,这是礼制的规定;嫂嫂溺水,伸手去救她,这是紧急时的变通办法。特别的情况,用特别的方法。如果不知变通,眼看嫂嫂溺水而不救,这就跟吃人的豺狼一样,没有人性了。"

孟先生果然高明,知道这是变通的办法。那么,我希望孟先生能来为齐国出一点力,这不也是变通的办法吗?让我再来试探他一下。

我又问孟先生:"现在社会动乱,天下人都像掉进了水里一样。先生,您为什么不愿意伸出手,把他们从水里拉出来?"

我这么说,当然是希望孟先生能在齐国有一番作为,帮助齐国的国君。

孟先生听了我的问题,摇头说:"嫂嫂掉进水里,可以用手去拉她;天下人掉进水里,难道你也要我用手去拉吗?"

我用"隐语"问孟先生,他也用"隐语"回答我,而且间接拒绝了我的要求,让我不会太难堪。

孟先生知道我支持国君用武力称霸天下,所以不愿意帮助我们。孟先生还是坚持他的想法,要用仁政让人民信服,所以我就不再多说什么了。

这就是"隐语"的妙用啊,让我们两个人都有台阶可下。

原典欣赏

淳于髡曰:"男女授受不亲,礼与?"孟子曰:"礼也。"曰:"嫂溺,则援之以手乎?"曰:"嫂溺不援,是豺狼也。男女授受不亲,礼也;嫂溺,援之以手者,权也。"

——《孟子·离娄上·十七》(节录)

◎ ◎ ◎

淳于髡问孟子:"男女之间不亲手传送物品,才合乎礼仪,对吗?"孟子答:"没错。"淳于髡又问:"嫂嫂不小心掉进河里,可以伸手去救她吗?"孟子答:"眼见嫂嫂落水而不援救,那跟残暴无情的豺狼没有分别。男女之间不亲手传送物品,是合宜的礼仪;伸手搭救落水的嫂嫂,是权宜之计呀!"

14 / 屋庐子说：
傻人有傻福

"屋庐先生，你跟孟先生学习这么久了，听说你对于'礼仪'的事很有研究？"我在任国的时候，一个任国的人这么问我。

"不敢，不敢。我对于礼仪的事的确很有兴趣，但不敢说很有研究。"

我确实跟老师学习了一段时间，特别喜欢听老师讲"礼仪"，也很喜欢

跟人讨论这方面的事。

"屋庐先生,你常常说礼仪很重要,对不对?"这个任国人又这么问。

"对呀!礼仪非常重要,生活中不能没有礼仪,与人交往,更不能缺少礼仪。"

"那么我问你,礼仪和吃饭哪一个重要?"

我毫不考虑地回答:"当然是礼仪重要!"

"那么结婚和礼仪,哪一个重要?"

"当然也是礼仪重要。"

这个任国人一定不知道礼仪有多么重要,所以才会不断地拿礼仪和别的事来做比较。

吃饭有吃饭的礼仪,结婚有结婚的礼仪,遵守礼仪,事情才容易圆满达成;缺少了礼仪,就成了野蛮世界,那么人跟禽兽有什么不一样?

这个任国人又接着问:"你说礼仪比较重要,那我问你,如果按照礼仪去找食物,就会饿死,不按照礼仪却能找到食物。这样,是否还要遵守礼仪呢?"

这个问题问得我脑子里一片空白,不知道该怎么回答。一个人如果要饿死了,还能遵守礼仪吗?被他这么一问,我也糊涂了。到底是礼仪重要,还是吃饭重要?

任国人又接着问:"如果按照礼仪迎娶,就娶不到妻子;不按照礼仪,就能娶到妻子。这样,是娶妻对,还是不娶才对呢?"

娶妻生子、传宗接代,这是为人子女应尽的孝道,不娶妻怎么行呢?

这个人问的问题太刁钻,问得我答不出来。

幸好这时候,老师就在附近的邹国。第二天,我就往东南方走了将近一百里,到邹国去找老师。我把这个人的问题跟老师说了一遍,并且请教老师,我该怎么回答。

"这有什么难的呢?如果拿吃饭和礼仪来比,遵守礼仪就会饿死,那当然是吃饭重要;

拿结婚和礼仪来比，当然也是结婚重要。但是，如果是要扭住哥哥的臂膀，抢走他手上的食物，这样才有食物可吃，你去问那个人，这个时候是要遵守礼仪，还是要扭住哥哥的臂膀抢食物？"

当然是遵守礼仪才对呀!这种抢食物的方式是野蛮的行为,君子是不会这么做的。

老师接着又说:"到人家家里去抢人,就能娶到妻子;不去人家家里抢人,就娶不到妻子。你也可以去问那个人,这样就应该去抢人吗?"

老师这么一说，我就明白了。老师的意思是要学会变通，在人生大事面前，对于礼仪可以不拘小节。但在大是大非面前，还是要坚持原则。这才是推崇礼节的正确方式。

这一趟路，走得真是值得呀！虽然我看起来傻乎乎的，不过，我还是傻人有傻福。走这一趟路，得到这么丰富的知识，我很感谢老师。

我得快快赶回任国，去跟那个任国人解释清楚才好。

原典欣赏

孟子曰:"不揣其本而齐其末,方寸之木可使高于岑楼。金重于羽者,岂谓一钩金与一舆羽之谓哉?取食之重者,与礼之轻者而比之,奚翅食重?"

——《孟子·告子下·一》(节录)

ෆ ෆ ෆ

孟子说:"如果不比较基础是否一致,只比较顶端,那么方一寸的木头,也可以使它高过楼房。我们说金子比羽毛重,难道是指极少量的金子,比一整车的羽毛还重吗?拿饮食中最重要的'活命',和礼节中最轻微的相比较,'活命'不是重要多了吗?"

15 / 公明仪说：
到底是谁的错

我是曾子的学生，算起来，孟先生拜子思的学生为师，子思和我同样都是曾子的学生，所以，不管是年纪还是辈分，我都比孟先生高一些。

孟先生在讲学的时候，偶尔会引用我说过的话，大概就是因为我们都是孔子门下的学生吧，只是生得早或晚罢了。有的人更

能发扬孔子的学问，孟先生就是这样的人，他一直以传承孔子的学问为理想，精神令人敬佩。

有个古时候的传说，说逢蒙跟着后羿学习射箭，后羿完全没有保留地把射箭技巧传授给逢蒙；逢蒙也学习得很快，完全吸收后羿传授的技术，最后逢蒙也成为一个神射手。

但是逢蒙心里还是很不快乐，因为他知道，天底下还有一个人比他厉害，那就是他的老师

后羿。最后，为了安心，逄蒙杀害了后羿，这样就再也没有人能胜过他了。

对于这个传说，我觉得后羿是没有错的，错在逄蒙，他不该杀人，更不该杀了自己的老师。但是孟先生却觉得后羿也有错，那么，我们就听听孟先生是怎么看这件事的。

"后羿也有错，只是他的过错比较轻罢了。学生犯了错，老师怎么会没有过错？后羿被自己的学生杀了，可见他只传授技术，没有教导做人的道理，才会让学生犯下这样的错！"

孟先生的分析的确有道理。孟先生又举了一个例子来证明自己的看法是对的。他说得很好，我很钦佩。

孟先生是这么说的：

子濯孺子是郑国一个很会射箭的将军，他

奉命去攻打卫国。就在节节败退的时候，他发现自己的手旧伤发作，举不起沉重的弓来搭箭发射。

在这紧要的关头发生这种事，子濯孺子知道自己是活不成了。

"追击我的人是谁？"痛苦之中，子濯孺子问驾车的人。

"是庾公之斯。"驾车的人回答。

子濯孺子听了，立刻说："那我可以活命了！"

驾车的人觉得很奇怪，庾公之斯是卫国最会射箭的人，他百发百中，子濯孺子怎么可能躲得过呢？

子濯孺子告诉驾车的人："庾公之斯的箭术是跟尹公之他学的。你知道尹公之他又是跟谁学习射箭的吗？"

驾车的人回答:"我不知道。"

"尹公之他是跟我学习箭术的。尹公之他是一个品行端正的人,他教出来的学生一定也是一个品行端正的人。"

就在这个时候,驾车的人大喊:"庾公之斯追来了!"

庾公之斯骑着快马来到眼前,快速把箭搭

在弓弦上,瞄准子濯孺子。

"您为什么不拿出弓箭来反击?"庾公之斯看着子濯孺子,好奇地问。

"我的手旧伤发作,举不起弓。"子濯孺子颓丧地说。

庾公之斯听了,对子濯孺子说:"我是向尹公之他学箭的,尹公之他又是向您学箭的,我不忍心用您教的箭术来伤害您。但是国君命令我追杀您,我就必须尽责。"

驾车的人惊讶地看着庾公之斯,只见庾公

之斯抽出四支箭，把金属制的箭头敲掉，一一射出去之后，就快马离开了。

子濯孺子保全了性命。

孟先生举这个例子，的确说到了重点。庾公之斯没有杀老师的老师，因为他知道做人的道理，这是他的老师教得好。

老师指导学生，不能只是传授学问、技术，还要传授品德，端正的品德比学问和技术更重要。

看来，孟先生说得对，后羿真的有错呀！

原典欣赏

逢蒙学射于羿,尽羿之道,思天下惟羿为愈己,于是杀羿。孟子曰:"是亦羿有罪焉。"公明仪曰:"宜若无罪焉。"曰:"薄乎云尔,恶得无罪?"

——《孟子·离娄下·二十四》(节录)

෩ ෩ ෩

逢蒙跟后羿学射箭,完全学得了后羿的技巧后,他想到,天下只有后羿的箭术比自己高明,于是便杀死了后羿。孟子说:"这件事后羿也有过错。"公明仪说:"后羿似乎没有什么过错。"孟子说:"后羿只是过错不大罢了,怎么能说没有呢?"

16 / 万章说：
舜的眼泪

我姓万名章，也是孟子的学生。

古时候舜的故事，一直让我很困惑：舜难道没有察觉到他的家人都在害他吗？他真的这么傻吗？他为什么不逃走？

我问过老师："舜在田里工作的时候，曾经对着苍天哭泣，是因为什么呢？"

老师说："因为他不能亲近父母，只能向往父母之爱，所以他哭泣呀！"

这就是我一直不明白的地方，舜的父母不

爱他,那他怨恨自己的父母吗?

舜不但没有埋怨父母,反而在田里认真工作,尽力做好他该做的事。

他的行为感动了尧,尧派他的九个儿子、

两个女儿，以及大小官员等，到田里去帮助舜。

即使这样，舜的父亲瞽瞍和后母还是不喜欢舜。直到舜已经开始治理天下，也娶了尧的女儿为妻，家庭问题还是没有改善。后母生的弟弟象，甚至千方百计想杀害舜。

有一次，舜的父母叫舜去修补仓库。舜一爬上屋顶，后母就把梯子搬走，瞽瞍立刻放火烧仓库。幸好舜发现得早，顺利逃了出来才没有被烧死。

这样的父母，舜为什么还挂念着他们？

又有一次，他们让舜进到井里，把井挖深一点。

瞽瞍一看舜到了井底，就独自爬了上来，然后用土把井填了，想害死舜。

象以为舜已经被活埋在井底了，开心地走

到舜住的地方，打算霸占他的一切，却看到舜坐在床上弹琴，原来舜已经挖地道逃出来了。

象只好尴尬地说："哥哥，我好担心你呀！"

舜不但没有看出弟弟的虚伪，还要请象帮他治理国家。

"舜难道真的这么傻，一点也不知道弟弟要害他吗？"

老师告诉我："舜怎么会不知道呢？象虽然是舜同父异母的弟弟，但舜是真心喜欢他的。弟弟开心，舜就开心；弟弟烦恼，舜也烦恼。所以他不是看不出来，而是在意浓厚的手足之情。"

老师知道我有很多困惑，于是叫我坐下来，好好地解释给我听——

"一个孝顺的人，如果得不到父母的喜爱，他就会整天想着，怎么做才能让父母喜欢自己。"

"舜整天想这个问题,想出解决办法了吗?"我问老师。

老师说:"有,他想出办法了,那就是听父母的话,顺着父母的心意。"

"可是这个办法一点用处也没有哇!父母和弟弟仍然想尽办法害他。"

老师又说:"没错,但是舜心里是挂念着父母的。他得不到父母的爱,就算拥有了天下,也觉得无家可归。他只有跟父母在一起时,才觉得那是真正的家。这就是孝子的心情。"

"那不是很傻吗?"

老师说:"他一点也不傻,他对父母的爱,

是一般人做不到的。只有最孝顺的人才会终身挂念父母。到了五十岁还希望父母能爱他的，我只在舜身上看见过。"

原来，最伟大的爱是只求付出，完全不在乎有没有得到回报。很多父母爱子女，就是这种爱；子女爱父母，也应该用这种伟大的爱才对呀！

　　我记住老师说的话了："最孝顺的人，会终身挂念着父母。"

原典欣赏

曰:"天下之士多就之者,帝将胥天下而迁之焉。为不顺于父母,如穷人无所归。……人悦之、好色、富贵,无足以解忧者,惟顺于父母,可以解忧。"

——《孟子·万章上·一》(节录)

෬ ෬ ෬

孟子说:"天下的士人,很多都来归附舜,尧也打算把天下让给他。可是舜因为得不到父母的欢心,便好像困窘的人一样无所依归。……大家的喜爱、美好的女子、财富、尊贵,都不能解除他的忧愁,只有让父母顺心,才能解除他的忧愁。"

17 / 桃应说：
如果天子的父亲犯法

尧舜时代的事迹，一直是我们师兄弟感兴趣的，老师也常说这些故事给我们听。

就像舜，小时候住在深山里，在树林之中长大，整天和山猪、野鹿一起玩耍，跟野人几乎没有什么不同。

但是当他听到第一句引导人向善的话,看到第一个启发他善良行为的时候,他想要学习的念头,就排除了所有阻碍,源源不断地涌来,像溃堤的大江大河那样,排山倒海,没有办法阻止。

老师曾经比较过子路、禹、舜的优点,并且做出分析。

老师说:"子路最大的优点,就是有人指出他的过错时,他会很开心,立刻改正过来。"

这件事的确很难做到,我要

学一学。

"禹的优点是听到良善的言词,立刻感激地拜谢人家。"

这也是难得的优点,我也要学一学。但是讲到舜时,老师觉得他有更了不起的地方,更值得推荐。

"舜乐意向别人学习善良的品德,他总是与别人一起做善事,舍弃自己的缺点,学习别人的长处。"

可惜这样的人依旧得不到父母的喜爱,他还是没有办法让父母对他好一点。

我们几个师兄弟经常一起热烈讨论舜的故事。

有一天,我提出这个问题:"像舜帝这么善良的人,如果他的父亲瞽瞍杀了人,舜帝会

怎么处理呢?"

"舜帝这么孝顺,他一定会帮父亲隐瞒。"一个师弟这么说。

另一个师兄立刻接着说:"别忘了,舜帝拥有最公正的法官——皋陶,他不会因为天子的父亲犯法,而不逮捕他,不判他的罪。"

"那么舜会眼睁睁地看着父亲去坐牢吗?"又有师弟问。

"对呀,一个是天子,一个是囚犯,舜帝会怎么做呢?"

"他这么孝顺，可能会代替父亲去坐牢。"

大家你一言、我一语，讨论不出个结果。

最后大家就拿这个问题去请教老师，老师听了之后说："舜帝会让皋陶逮捕他父亲的。"

这个答案让大家一脸错愕，舜怎么可能让皋陶逮捕他父亲呢？

"老师，舜不会阻止皋陶做这件事吗？"我问老师。

老师说："怎么阻止呢？皋陶是法官，这是他该做的，就算是天子也不能阻止他这么做。"

我又问老师："那么，舜帝会让他的父亲去坐牢，自己继续当天子吗？"

老师笑着说："不会！他会偷偷地背着父亲，一起逃到天涯海角去，和父亲在一起，连天下都不要了！"

"连天子的地位都不要了？"

"没有错！舜丢弃天下，就跟丢弃一双破旧的草鞋一样，一点也不会留恋。他要的是和父亲在一起，只要能奉养父母，他就觉得快乐了。"

舜没有办法选择父亲，父亲犯错他也没办法阻止，但是他可以不要天下；父亲犯了错，他宁可不当天子，也要和父亲在一起。

舜的孝心，令人敬佩，难怪老师这么推崇他。

原典欣赏

桃应问曰:"舜为天子,皋陶为士,瞽瞍杀人,则如之何?"孟子曰:"执之而已矣。""然则舜不禁与?"曰:"夫舜恶得而禁之?夫有所受之也。""然则舜如之何?"曰:"舜视弃天下犹弃敝蹝也。窃负而逃,遵海滨而处,终身䜣然,乐而忘天下。"

——《孟子·尽心上·三十五》(本章取材)

18 / 充虞说：
表达孝心的方法

我跟着老师在齐国的时候，老师的母亲去世了，老师要我为他的母亲准备棺椁。

老师跟我说："这件事就交给你去处理，不必在乎花多少钱，尽量精美一点。"

老师是邹国人，邹国是鲁国的附庸国，也是鲁国的一部分，所以老师要把母亲送回故乡，安葬在鲁国。

我跟着老师回到故乡,安葬了老师的母亲之后,再跟随老师回到齐国。

在回程的路上,我忍不住请教老师:"老师,我准备的棺椁会不会太过华美?"

老师想了一想,说:"我并不觉得你准备的棺椁太过华美,而且,法令也没有规定棺椁的形制，所以没有违反礼仪的规定。"

老师这么一说，我就放心了。我实在没有什么才能，但是老师这么信任我，把这么重要的事交给我做，我很怕做不好，连累老师违背了礼法，受人指指点点。

老师接着又说："更何况，我不是去跟人家借钱来办丧事的，而是我有能力、我付得起，所以才会要你不必在乎花多少钱。每个当儿女的，一定都希望自己的亲人能用最好的棺椁，这样就不会因为木材很快腐烂，而让去世亲人的肌肤沾到泥土。"

老师一边走，又一边告诉我："一个正人君子，只要他负担得起，他不会用任何理由，去省下给父母买棺椁的钱。你做得很好，不用担心。"

老师的话让我安心了,也让我学到了葬礼方面的知识。

后来,老师去了鲁国,乐正克师兄在鲁国受到重用,他立刻向鲁国国君推荐老师。

鲁国国君原本要出门见老师的,但是他的宠臣臧仓跟他说了一些话,国君就不出门会见老师了。

"您为何不愿意见我的老师了?"乐正师兄问国君。

"有人告诉我,孟先生为他母亲办理丧事比为他父亲办理丧事的场面还要大,所以我不想去见他了。"

原来臧仓故意说这是不合乎礼仪的,用这件事批评老师不孝顺父亲,请求国君不要见既违反礼法又不孝的人。

乐正师兄立刻问国君:"国君指的是什么呢?是办父亲丧事的时候,用'士'的身份祭拜;办母亲的丧事时,用'大夫'的身份祭拜吗?"

根据礼仪的规定,官阶越高,可以祭拜的祭品越多。"士"只能用三个鼎来盛装祭品,"大夫"能用五个鼎来盛装,诸侯用七个鼎,天子

用九个鼎，这些都是有规定的。

老师的父亲去世得早，那时老师的身份是"士"，所以只能用三鼎；母亲去世时，老师的身份已经是"大夫"了，所以可以用五鼎。身份不一样，可以摆放的祭品也不一样，场面当然比较大。

但是，鲁国国君说："我指的不是这个。"

乐正师兄只好继续追问原因。国君才说："我指的是棺椁太过华美。"

乐正师兄这么一听，立刻再为老师解释一次。

"我的老师并不是对父亲寒酸对母亲丰厚，而是当时的经济状况不一样，何况法令没有规定棺椁的形制。我的老师曾经说过，从天子到平民百姓，用尽心力去办丧事，不只是为了棺椁的华美，还有为人子女想要表达的孝心哪！

所以老师并没有不合乎礼仪,也没有不孝。"

最后鲁国国君还是没有来见老师,乐正师兄很失望。

乐正师兄来见老师时,把这件事告诉了老师。老师并没有放在心上,只淡淡地说:"也许这就是天意吧!如果时机到了,鲁国国君要见我,一个宠臣跟他说什么,他也不会在意的。现在,只是我们见面的时机还没有到而已。"

没有跟鲁国国君见面,并没有让老师沮丧;为母亲做了一副好的棺椁,一直让老师心安。

原典欣赏

曰:"得之为有财,古之人皆用之,吾何为独不然?且比化者,无使土亲肤,于人心独无恔乎?吾闻之也:君子不以天下俭其亲。"

——《孟子·公孙丑下·七》(节录)

孟子说:"有好的棺椁,又有足够财力去买,古人都这么做了,为什么独独我不能这么做呢?况且用厚一点的棺木,过世亲人的肌肤才不会沾到泥土,子女的孝心,难道不能得到一些安慰吗?我听人说:君子不会因为爱惜天下财物而在他父母身上加以节省的。"

19 / 公孙丑说:
意志坚定的老师

老师在四十多岁的时候,就跟孔老夫子一样,带着许多学生去周游列国。他要找一位相信他的国君施行"仁政",并且让这个国家因为施行仁政而强大兴盛。

他先到齐国,在这个地方讲学,并且等待面见国君的机会。可惜的是,齐国的国君一心想要成为霸主,并没有重用老师。

　　后来,老师听说宋国的国君想要施行"仁政",便去宋国。结果发现根本不是这样,宋国的国君过着奢华的生活,想要扩张领土,因此不断发兵攻打邻国。老师只好离开宋国,回到邹国。

　　回到邹国之后不久,鲁国的国君聘用乐正克师兄,老师开心得睡不着觉。

　　老师到了鲁国,国君原本要来探望老师,

请教老师治理国家的方法，却被他的宠臣臧仓阻止而没有见面，老师只好再次回到邹国。

后来，滕国新上任的国君很希望自己能当一个好的君主。老师又抱着希望而去，可惜这个小国的国君只有一个愿望：只要自己的国家不被吞并就行了。

"对齐国好一点，还是对楚国好一点呢？""我要怎样才不会亡国？"滕国的国君每天都在想这些问题。

老师只能失望地离开。

不要以为老师这样就放弃了理想，他还是意志坚定、充满信心，他相信一定会有国君愿意用他的方法治理国家。所以，他又到魏国去。

就是在魏国，那位称呼老师为"老先生"的国君这么问老师："老先生，您这么大老远地来到我的国家，一定是要为我的国家带来利益的吧！"

老师听到这句话，虽然有点失望，但还是抱着希望跟魏王谈治国的方法。可惜谈了不到一年，这位国君就去世了。

新国君上任，老师一看，摇摇头说："唉！怎么看都不像个国君。"

就这样，老师离开了魏国。

周游诸国的老师又回到齐国。齐国的新国君根本不想施行仁政，所以直接告诉老师："我有一个毛病，那就是很喜欢钱财。"

他以为这样就能摆脱老师，但老师没有放弃他这样令人头疼的人，他对国君说："喜欢钱财是正常的，但是大王要想办法先让百姓富有。百姓富有了，大王您也就富有了。"

"哎呀！我还有一个喜欢美色的毛病。"

他以为这样能击退老师，但老师还是没有放弃。

"喜欢美色，每个人都一样。大王应该推展到全国，让全国适婚的人都能找到合适的对象。"

这次在齐国，最令老师失望的就是齐国去攻打燕国的事。

"燕国的国君残暴无能,难怪齐国会去攻打他。但是打败燕国之后,应该把宝物归还他们,帮他们立一位新国君,然后撤退军队才对。"

老师的建议没有被齐国国君采用。结果燕国的人民起来反抗齐国,齐国军队只好撤退。

这件事让老师无法接受,最终,他带我们离开齐国。离开之前,齐王请人来转达他的心意:"国君说他想为您建造宫室,要用丰厚的待遇来对待您和您的学生。"

尽管齐王开出这么好的条件,老师还是没有留下来。

离开齐国的第一个夜晚,我们在昼邑停留。老师似乎恋恋不舍,在昼邑一连住了三夜,确定齐王没有派人来邀请他回去,才踏出齐国的国境。

老师带着我们这群学生回到故乡,过着隐居的生活。老师每天与我们谈论《诗经》《尚书》,谈论儒家的学说,并且把他这么多年的游历过程写成书。

我和万章师弟也一起整理老师讲过的话,把它们编进《孟子》这本书里。老师很长寿,活到八十三岁,最后平静地离开人世。

后来,我们继续不断修订《孟子》这本书。成为老师的学生,是我们最大的荣幸。

原典欣赏

孟子去齐,充虞路问曰:"夫子若有不豫色然。前日虞闻诸夫子曰:'君子不怨天,不尤人。'"曰:"彼一时,此一时也。五百年必有王者兴,其间必有名世者。由周而来,七百有余岁矣。……夫天未欲平治天下也,如欲平治天下,当今之世,舍我其谁也?吾何为不豫哉?"

——《孟子·公孙丑下·十三》(节录)

孟子离开齐国,充虞在路上问道:"老师似乎不大愉快。以前我听您说过:'君子不抱怨天,不责怪人。'"孟子说:"那是一个时候,现在又是一个时候。每五百年必定会出现圣君,其间也必定会有闻名于世的贤臣辅佐。从周朝以来,已经七百多年了。……上天还不想让天下太平吧,如果想让天下太平,在当今这个时代,除了我,还有谁能担当这个重任呢?想起来我怎么会不高兴呢?"

20 / 赵岐说：
故事高手闯天下

我是汉代的赵岐，很多人提到《孟子》这本书，都会想起我。因为大家现在看到的《孟子》，总共分成七篇，这是我整理出来的。

《孟子》这一册书，一直到汉代才渐渐受到重视。在我之前，虽然有人为它做过整理，但是当时总共整理出十一篇。我觉得其中有四篇看起来不像是原有的，跟其他各篇比起来，显得

特别粗浅,我怀疑是后人添加进来的。

这个怀疑得到很多人的认同,所以这四篇后来没有受到重视,也渐渐失传。经过我认可的,就是现在《孟子》里的七篇。

我年轻时当官,曾经得罪过一个宦官的亲戚,连累家人被杀害。我在外逃亡流浪,隐姓埋名过日子。

在这段时间里,我头发全白了,人也憔悴了,精神和体力受到很大的压迫,几乎要撑不下去。后来,整理《孟子》这一册书,让我觉得有了目标、有了

寄托。

我走进孟子精深的学问里专心整理的时候，就好像在跟这位圣人交流一样，这个工作减轻了我不少忧虑。《孟子》是我逃亡时的精神支柱。

孟先生是一位有理想、有抱负的人，也是一位说故事的高手。他在各国游历时，有一个故事让我觉得很有意思。故事是这样的：

齐国有一个人，家里有一个妻和一个妾。这个人每天一早就出门，每次都吃饱了才回来，从来不在家里吃饭。

妻子经常问他："你今天跟什么人一起吃饭呀？"

这个人总是回答："还不都是一些有钱有势的人。"

妻子觉得很可疑，跟妾说："我们的丈夫

每天都跟有钱有势的人一起吃饭,但是从来没有见过有钱有势的人到家里来。我想跟踪他,看看他都跟什么人在一起。"

第二天,这个齐国人一早又出门去了,妻子偷偷跟着他。

他走遍了全城,没有一个人停下来和他打招呼。

后来,他走到东城门外,那里有一大片墓地,妻子看见他弯着腰、低着头,伸手向祭拜的人乞讨酒菜。

乞讨之后,他就津津有味地吃着。妻子看了,心里非常难过。他没吃饱,又弯腰低头,向另一个祭拜的人乞讨。这就是他每天吃饱才回家的原因。

妻子回到家,跟妾说:"丈夫是我们一辈

子的依靠,但是没有想到,他竟然是这样的人!"妻子把看到的情景描述给妾听。两个人觉得很丢脸,在院子里伤心地哭了起来。

丈夫不知道发生了什么事,吃饱回到家,看见妻和妾在院子里,便一脸神气得意地走进屋子。

孟先生见过许许多多的人为了谋求一个官

位，做出许多卑躬屈膝的事；为了保住一个官位，小心服侍过许多达官显贵。他们用这种方法，让官位慢慢往上升，坐在高位上，也是一脸的神气得意呀！

这些高官的妻和妾又有多少会觉得羞愧呢？

孟先生拿这两种人的妻妾做比较，觉得这些高官的妻妾，还比不上这个齐国人的妻妾呢！至少她们会为丈夫所做的事而觉得丢脸。

我觉得那些求取富贵的人，背地里奉承讨好长官，平时又骄傲得意地面对百姓，何尝不像这个齐国人呢？

孟先生这个故事真是叫

人拍案叫绝,让我百看不厌哪!

《孟子》这本书里,包含了为人处世的规矩、仁义道德、天地万物。孟先生什么都谈,我们称呼孔子为"至圣",那么,用"亚圣"来称呼孟先生,真是再合适不过了。

原典欣赏

　　包罗天地，揆叙万类，仁义道德，性命祸福，粲然靡所不载。帝王公侯遵之，则可以致隆平，颂清庙；卿士大夫蹈之，则可以尊君父，立忠信；守志砺操者仪之，则可以崇高节，抗浮风。有风人之托物，二雅之正言，可谓直而不倨，曲而不屈，命世亚圣之大才者也。

——赵岐《孟子章句》（节录）

　　《孟子》这本书里，包含了为人处世的规矩、仁义道德、天地万物，清清楚楚无所不载。君王、公侯遵循这本书，可以平治天下，有助于传颂天子之庙；卿大夫、士大夫遵循这本书，可以尊崇君父，立下忠信之心；严守书中的道理并持续落实，可以坚定崇高的志节，抵抗浮躁的风气。孟子的言谈既有《国风》的托物讽喻，也有《大雅》《小雅》的正面规劝，直言而不失倨傲，委婉而不落于屈枉，用"亚圣"来称呼孟子，真是再合适不过了。

21/ 朱熹说：
三种快乐一次满足

我是为《孟子》这本书写过注释的朱熹。历史这条长河，慢慢地流到宋代来。我坐在桌前，静静读着一千多年前的《孟子》。

年龄不是距离，时代也不是问题，有道理的话，隔了一千多年还是有道理。

通过《孟子》这本书，孟子把仁义道德的主张留传下来，让更多的人知道，在一个国家中，

人民是最重要的；君王要用仁德让人民信服，而不是用武力解决一切问题。

除了为《孟子》写注释，我还为《大学》《中庸》《论语》写注释，这些都是儒家重要的书籍，我把它们合称为"四书"，为它们加上了各门各派的注释，就叫作《四书章句集注》。

我四十多年的心血都在这四本书上。儒家的学问从孔子创立下来之后，代代相传，传给曾参，传给子思，传给孟子。这是值得我用尽心力去研究的四本书，所以我一直觉得，研究这四本书是一件快乐的事。

说到快乐，就会想起孟子说过"三件快乐的事"。是什么事让孟子觉得快乐呢？

第一件值得快乐的事，就是家人平安。

父母健在，兄弟姐妹没有疾病灾患，这是一件令人羡慕的事。这件事看起来似乎不难，很多人却无法拥有；拥有这些的人，有的又往往不知道要珍惜。

孟子把这件事摆在第一位，可见他多么珍惜这样的快乐。

第二件值得快乐的事，就是心安理得。

抬起头来看看天空，想一想，有没有做出对不起上苍的事；低下头看看大地，想一想，有没有做出对不起别人的事。如果都没有，内心就会觉得平静，这就是一件快乐的事。

孟子很在意这样的快乐，所以如果要他违背良心奉承君王，说君王喜欢听的话以求取高官厚禄，他宁可不要。

人活在世上，如果整天想着要怎么害人，怎么做才对自己有利，这样的生活怎么快乐得起来呢？孟子要求的是心安理得的快乐。

第三件值得快乐的事，那就特别了。孟子的这句话，真是说到我的心坎里了。这件事就是"得天下英才而教育之"——把自己的知识传授给想要学习的人，这就是快乐的事。

孔子弟子三千，孟子影响的学生也不会比三千少，他们都觉得"教育"是一件快乐的事。

我也觉得教育是一件快乐的事，看着学生

得到知识、改变行为，内心怎么会不感到欣慰呢？所以我每到一个地方，就会整顿当地的教育，创办书院，让更多人接受教育。

我很能体会孟子说的这件事，只要乐在其中，就一定会好好地教导学生，把他们当成自己的孩子一样，把自己所有的知识都传授给他们。

　　当我建立好一座书院,有来自各地的学生到这里接受教育,大家一起讨论、一起研究,我就觉得这的确是一件快乐的事。

　　一千多年前的孟子,就发现了这件事的乐趣;一千多年后的我,发现这件事依旧是快乐的。果然哪!有道理的话,不管时代怎么改变、时间经过多久,都是有道理的!

这是孟子觉得快乐的三件事。孟子还说："这三种快乐比统一天下、成为霸主还要快乐。"

孟子后来回到自己的家乡，看书、写书、教书，他前半生在多国游历奔波，最终却发现，快乐的事竟然这么简单。

三种快乐一次满足，这就是孟子回到自己国家之后的心情写照吧！我要继续研究这四本书了，研究让我快乐，教书让我更快乐。

原典欣赏

孟子曰:"君子有三乐,而王天下不与存焉。父母俱存,兄弟无故,一乐也。仰不愧于天,俯不怍于人,二乐也。得天下英才而教育之,三乐也。君子有三乐,而王天下不与存焉。"

——《孟子·尽心上·二十》

孟子说:"君子有三种快乐,其中并不包括统治天下万民。双亲健在,兄弟姐妹没有疾病灾患,是第一种快乐。上不愧于天,下不愧于人,是第二种快乐。拥有一批才华出众的学生,尽己所知教育他们,是第三种快乐。让君子快乐的事有三件,并不包括统治天下万民哪!"

典故《孟子》

五十步笑百步 比喻缺点或错误性质相同,只是程度轻重不同。

典 《孟子·梁惠王上·三》:"或百步而后止,或五十步而后止。以五十步笑百步,则何如?"

译 孟子问梁惠王:"有的跑了一百步才停下,有的跑了五十步就停下。跑了五十步的人竟讥笑跑了一百步的人胆小,您觉得怎么样?"

缘木求鱼 比喻方向或方法不对,做事不可能达到目的。

典 《孟子·梁惠王上·七》:"以若所为,求若所欲,犹缘木而求鱼也。"

译 不惜耗费人力物力、压迫百姓来达到您称霸天下的目标,就像爬到树上捕鱼一样。

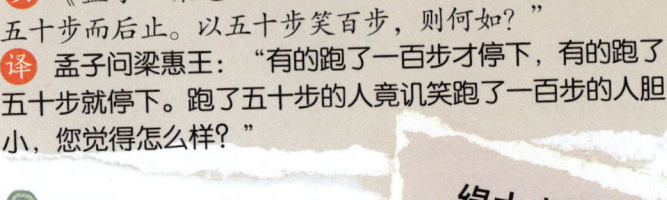

当务之急 指当前最急迫要做的事。

典 《孟子·尽心上·四十六》:"知者无不知也,当务之为急。"

译 有智慧的人没有不能知道的事,但他更急着想知道,当前最该做的事是什么。

揠苗助长 比喻违反事物发展的规律,急于求成,反而坏事。

典 《孟子·公孙丑上·二》:"助之长者,揠苗者也,非徒无益,而又害之。"

译 帮助禾苗长高的,就是拔苗的人,这么做不但没有好处,反而害了它。

天时地利人和 占据有利的时机及优越的地势,并且众人之间和谐团结。

典 《孟子·公孙丑下·一》:"天时不如地利,地利不如人和。"

译 作战时,有利的时机不如优越的地势,优越的地势不如众人之间的和谐团结。

此一时，彼一时
表示时间、条件不同，情况有了变化，不能一概而论或同样看待。

典《孟子·公孙丑下·十三》："彼一时，此一时也。"

译 那时是那时，现在是现在，情况不一样了。

顾左右而言他
形容有意避开话题，用别的话应付过去。

典《孟子·梁惠王下·六》："曰：'四境之内不治，则如之何？'，王顾左右而言他。"

译 孟子问齐宣王："国家治理得很糟糕，该怎么办呢？"齐宣王左右张望，扯开了话题。

媒妁之言
指经由媒人介绍促成的婚姻。

典《孟子·滕文公下·三》："不待父母之命、媒妁之言，钻穴隙相窥，逾墙相从，则父母国人皆贱之。"

译 没有父母的许可、媒人的介绍，男女之间就钻墙扒缝互相偷看，爬过墙头私会，那父母和社会大众都会轻视他们。

守望相助
指在防御之中，邻近的守卫、瞭望，互相帮助，彼此关照。

典《孟子·滕文公上·三》："出入相友，守望相助，疾病相扶持。"

译 邻居之间，外出、回家都互相作伴；守卫家园、防御盗寇和逮捕窃贼，都互相帮助；有人生病，也要互相救助。

一傅众咻
一人施教育，众人吵闹干扰。形容由于不良环境的影响，做事难有成效。

典《孟子·滕文公下·六》："一齐人傅之，众楚人咻之，虽日挞而求其齐也，不可得矣。"

译 一个齐国人教楚国人说齐国话，却有很多楚国人用楚国话干扰，就算天天鞭打，逼这个楚国人说齐国话，他也不可能学得好的。

杯水车薪
比喻力量太小或东西太少，解决不了问题。

典《孟子·告子上·十八》："今之为仁者，犹以一杯水，救一车薪之火也。"

译 现在推行仁德的人就像拿一杯水，去救一整车木头引起的火一样。

男女授受不亲
指男女受礼教道德的规范，不可以亲昵接触。

典《孟子·离娄上·十七》："男女授受不亲，礼也；嫂溺，援之以手者，权也。"

译 男女之间不亲手收送物品，是合宜的礼仪；伸手搭救落水的嫂嫂，是权宜之计呀！

齐人之福
原指为谋求富贵而不知羞耻的人，后用来讥讽男子既有妻又有妾。

典《孟子·离娄下·三十三》："齐人有一妻一妾而处室者，其良人出则必餍酒肉而后反。其妻问所与饮食者，则尽富贵也。"

译 有一齐国人，拥有一妻一妾，出门后一定酒足饭饱才回家。他的妻子问他跟谁吃饭，他都说是跟富且贵的人吃饭。

鱼与熊掌不可得兼
原本在告诫人们要重视正义，宁可牺牲生命也要换取正义；后指人生无法样样皆得，凡事都要知道取舍。

典《孟子·告子上·十》："鱼，我所欲也，熊掌，亦我所欲也，二者不可得兼，舍鱼而取熊掌者也。"

译 鱼和熊掌，我都想要；如果不能同时得到，那我就舍弃鱼选熊掌吧。

一曝十寒
比喻做事没有恒心，时常间断。

典《孟子·告子上·九》："虽有天下易生之物也，一日暴之，十日寒之，未有能生者也。"

译 就算是天下生命力很强的生物，让它晒一天阳光，就放在阴寒的地方冻十天，也没有能活得了的。

自作孽，不可活
比喻自食恶果。

典 《孟子·离娄上·八》："《太甲》曰：'天作孽，犹可违；自作孽，不可活。'"

译 《尚书·太甲》中说："自然界的灾害，人类还有可能躲过灾难而生存；但自己造成的罪孽，却是无法逃避惩罚的。"

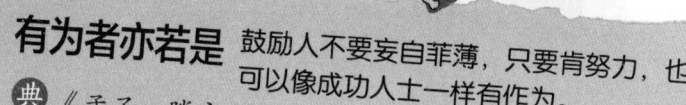

有为者亦若是
鼓励人不要妄自菲薄，只要肯努力，也可以像成功人士一样有作为。

典 《孟子·滕文公上·一》："舜何？人也。予何？人也。有为者亦若是。"

译 舜是什么？是人。我是什么？是人。有作为的人，都应该是他那样的。

独善其身
原意指提高个人的节操修养，后比喻只顾自己而不在乎别人的权益。

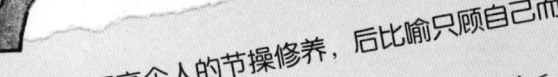

典 《孟子·尽心上·九》："穷则独善其身，达则兼善天下。"

译 不得志时，就修身养性；得志时，就把恩惠施给百姓。

尽信书不如无书
泛指读书不要拘泥或迷信于书本。

典 《孟子·尽心下·三》："尽信《书》，则不如无《书》。吾于《武成》，取二三策而已矣。"

译 完全相信《尚书》上的话，还不如不看《尚书》。我读遍《尚书·武成》，也只撷取其中的二三处而已。

说大人，则藐之
比喻敢于向权威人士理直气壮辩论的精神。

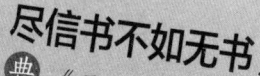

典 《孟子·尽心下·三十四》："说大人，则藐之，勿视其巍巍然。"

译 向大人物游说时，就要藐视他们，不要把他们高高在上的地位和权势放在眼里。